Klaus Holitzka

Kraft schöpfen
aus
Mandalas

Schirner Verlag

Inhalt

Vorwort

Eine alte östliche Legende erzählt, daß am Anfang aus zeitloser Leere die Götter entstanden. Irgendwann beschlossen die Götter, das Universum zu erschaffen. Und so füllten sie das Dunkel mit Galaxien von Sternen, mit Sonnen, Planeten und Monden.

Auf einem dieser Planeten erschufen sie Wolken und Meere, Berge und Täler und bald auch Pflanzen und Tiere. Und dann setzen sie menschliche Wesen hinein, ihrem Ebenbild gleich. Ganz zum Schluß erschufen sie die Wahrheit.

Doch keinem der Götter fiel ein passender Ort ein, wo sie den kostbarsten aller Schätze so verbergen konnten, daß man ihn suchen mußte. Die Wahrheit sollte für alle Zeiten ein wertvolles und kostbares Gut bleiben.

„Laßt uns die Wahrheit auf dem fernsten aller Sterne verstecken", sagte einer, „dort wird niemand sie zufällig finden."

„Besser wir verbergen sie Stück für Stück in den tiefsten und dunkelsten Abgründen", warf ein anderer ein. „Warum bringen wir sie nicht auf die unsichtbare Seite des Mondes?" schlug noch ein anderer vor.

Schließlich ergriff der Älteste und Weiseste unter ihnen das Wort: „Hört", sagte er, „wir werden die Wahrheit dort verbergen, wo sie am wenigsten vermutet wird. Wir legen sie in das Herz jedes einzelnen Menschen. Sie werden in den unendlichen Weiten des Universums nach ihr suchen, in den tiefsten Tiefen nach ihr tauchen und in der Welt des Habens und Scheins werden sie sie regelrecht jagen. Doch eines Tages, vielleicht nach langer Suche, werden sie gewahr werden, daß sie das Wesentliche und wirklich Wertvolle, schon die ganze Zeit in sich tragen."

Einleitung

Diese kleine Broschüre möchte Sie zu einer Reise einladen. Einer Reise, die sehr viel weiter führen wird, als die wenigen Seiten zunächst vermuten lassen. Wenn Sie wollen, kann Ihnen dieses Heft als Reiseführer dienen, mit dem Sie eine spannende Fahrt in die Bilder- und Erlebniswelt Ihrer Seele antreten können. Lassen Sie sich überraschen, welche erstaunlichen Dinge Sie dabei über Ihre innere Wahrheiten und Ihr Selbst erfahren werden.

In der ersten Broschüre dieser Reihe mit dem Titel „Wie male ich mein Mandala" wurden grundsätzliche Fragen zum Thema Mandala-Malen beantwortet. Was man unter einem Mandala versteht, was Mandalas bewirken und welche Bedeutung traditionell bestimmten Farben, Formen und Zahlen zugeordnet werden; all diese Dinge, können Sie dort nachlesen.

Mit diesem Brevier möchte ich einen Schritt weitergehen und Sie direkt in das Reich Ihrer ganz persönlichen inneren Wahrheit führen.

Die einzelnen Mandalas werden Sie, Schritt für Schritt, durch sieben Bewußtseinsstufen führen. Dabei werden Sie verschiedene Bereiche Ihrer inneren Abbildung der Welt entdecken, um, am Ziel der Reise angekommen, ein umfassenderes Bild von sich selbst gewonnen zu haben.

Jedes frei gemalte Bild ist in erster Linie ein Spiegelbild der augenblicklichen inneren Verfassung des Malenden. Gleichgültig, ob es sich um eine nebenbei hingeworfene Telefonkritzelei oder ein mit Hingabe gemaltes Bild handelt. Immer beleuchtet es unterschiedliche Aspekte des inneren Erlebens. Es drückt Freude oder Ängste aus, übersetzt Gedanken, Gefühle und Stimmungen in Formen und Farben und gibt ihnen malerisch Ausdruck.

Von jeder Etappe der folgenden Reise werden Sie neue Erkenntnisse und Erfahrungen über Ihre innere Sicht der Dinge mitbringen. Wenn Sie wollen, können Sie Ihre Eindrücke anschließend malerisch umsetzen. Doch wirken Ihre nur im Geiste gemalten Mandalas ebenfalls.

Mit jedem Mandala wird ein weiterer Ausschnitt Ihrer Seelenlandschaft sichtbar werden, so daß Sie mehr und mehr Einblick in bisher vielleicht unbewußte Regionen Ihrer Psyche erhalten. Und weil jeder Zuwachs von Selbsterkenntnis eine Erweiterung des Bewußtseins beinhaltet, werden Sie sich selbst schließlich mit anderen Augen sehen und in einen größeren Zusammenhang eingebettet finden.

Der berühmte Schweizer Psychologe C. G. Jung hat immer wieder auf die Bedeutung von selbstgestalteten Mandalas hingewiesen. In einer persönlichen Krisenzeit entdeckte er an sich selbst die heilende Kraft der Kreisbilder. Von seinen Erkenntnissen während des Malens und der umwandelnden Kraft der Mandalas tief beeindruckt, begann er sie in seiner therapeutischen Arbeit einzusetzen. Immer wieder ließ er seine Klienten eine Abfolge von Mandalas malen. Schon bald kristallisierte sich für ihn heraus, wofür ein Mandala symbolisch steht: „... das Selbst, die Ganzheit der Persönlichkeit, die, wenn alles gut steht, harmonisch ist." Diesen Einklang malerisch zu entwickeln und dabei immer tiefere Einsichten in die innere Natur der eigenen Seele zu gewinnen, dazu möchte Sie dieses kleine Buch einladen.

Ich wünsche Ihnen viel Spaß dabei!

6

Einige Tips,
bevor Sie anfangen ...

Bevor Sie die einzelnen Anleitungen lesen und anschließend Ihre inneren Erlebnisse zu malen beginnen, noch einige Hinweise

1. Die sieben Stationen

Um den größtmöglichen Nutzen aus dieser Reise durch sieben Stationen zu ziehen, sollten Sie beim erstmaligen Lesen die Reihenfolge einhalten. Wenn Sie später einzelne Stationen vertiefen oder neu erleben wollen, können Sie diejenige Abschnitte herausgreifen, die Ihnen zu diesem Zeitpunkt am geeignetsten erscheinen.

2. Vom richtigen Zeitpunkt

Versuchen Sie eine Zeit zu finden, in der Sie sich ungestört nur mit sich selbst beschäftigen können. Sorgen Sie dafür, daß daraus eine durch äußere Einflüsse möglichst ungestörte Welt in sich wird, in der Sie sich ganz Ihren inneren Erlebnis-

sen und Bildern widmen können. Malen Sie immer dann ein weiteres Mandala, wenn Sie sich danach fühlen. Dabei spielt es keine Rolle, ob ein Tag, eine Woche oder einige Monate zwischen den einzelnen Mandalas liegen. Der einzige Maßstab ist Ihre Bereitschaft und der Wunsch, die nächste Station Ihrer inneren Erlebniswelt kennenzulernen.

3. Eine entspannte Atmosphäre

Eine entspannende, stimmungsvolle Atmosphäre kann sehr unterstützend wirken. Vielleicht können Sie bei Kerzenlicht und dem Geruch eines Räucherstäbchens oder einer Duftlampe besonders gut abschalten. Oder Sie haben bereits die Erfahrung gemacht, daß Sie zu einer bestimmten, ruhigen Trance-Musik gut loslassen können. Möglicherweise kennen Sie auch die eine oder andere Entspannungsmethode, wie z.B. autogenes Training oder bestimmte Yogaübungen, die Ihnen helfen, in einen entspannten Bewußtseinszustand einzutauchen. Was auch immer Ihnen ein Gefühl von Ruhe, Entspannung und Muße verschafft, setzen

Sie es ein, bevor Sie die einzelnen Anleitungen zu lesen beginnen. Je tiefer Sie sich entspannen, desto leichter werden Sie in Ihre innere Erlebniswelt hineingleiten. Eine einfache, aber sehr wirkungsvolle Methode schnell in einen entspannten Zustand zu gleiten, finden Sie auf Seite 11.

4. Sehen, was wir lesen

Lesen Sie die Texte zu den einzelnen Übungen langsam, so als ob Sie sich selbst mit einem Wiegenlied in einen traumähnlichen Zustand lesen wollten. Am weitesten wird sich das Tor zu Ihren inneren Welten öffnen, wenn Sie sich voll und ganz auf Ihre inneren Erlebnisse und Erfahrungen konzentrieren können. Um das zu erreichen, lesen Sie langsam, und legen Sie öfter eine Pause ein. Damit Sie Ihre innere Wirklichkeit noch klarer und deutlicher wahrnehmen können, sollten Sie, wann immer Ihnen danach ist, die Augen schließen. Sie können die Wirkung der Worte auch verstärken, indem Sie sich die Texte halblaut und rhythmisch vorlesen,

sie auf Kassette sprechen oder von jemandem vorlesen lassen. Denken Sie dabei daran, daß Assoziationen, innere Bilder und Gefühle Zeit brauchen sich aufzubauen, auszuformen und deutlich wahrgenommen zu werden. Legen Sie deshalb beim Besprechen einer Kassette oder beim Vorlesen größere Pausen ein. Bei dieser Reise geht es schließlich nicht darum, schnellstmöglich ein Ziel zu erreichen, sondern vielmehr darum, intensiv all das zu erleben, was es unterwegs zu sehen, zu hören und zu fühlen gibt.

5. Von der Kraft innerer Bilder

Die einzelnen Stationen der folgenden Übungen werden Sie, Schritt für Schritt, durch verschiedene Bewußtseinsstufen führen. Dabei können heilsame Reaktionen auftreten. Vielleicht werden bisher unbewußte Inhalte Ihres inneren Erlebens an die Oberfläche gespült. Möglicherweise beginnen aufgestaute Energien sich zu lösen, oder verdrängte Gefühle und Empfindungen treten in Ihr Bewußtsein. Nehmen Sie einfach an, was ge-

8

schieht, ohne es voreilig zu bewerten und zu beurteilen. Vertrauen Sie den natürlichen Heilkräften in sich. Sie werden genau das und genau so viel in Ihr Bewußtsein einfliessen lassen, wie es zu diesem Zeitpunkt für Sie richtig ist. Ähnlich wie Träume, tragen auch unsere „Bilder aus dem Unbewußten" Botschaften in sich, die ausgleichend und harmonisierend auf unser Bewußtsein wirken. Unsere unbewußte Seele scheint über Selbstheilungskräfte zu verfügen, die uns nicht unbedingt verständlich sein müssen, um für Ausgleich, Ordnung und Heilung zu sorgen.

Sie selbst brauchen nichts weiter zu tun, als einfach die Worte in sich wirken zu lassen. Dabei ist es noch nicht einmal wichtig, bewußt klare Bilder zu erschaffen. Lassen Sie einfach alle Empfindungen, Gefühle, Gedanken und Vorstellungen in sich aufsteigen, ohne sie festhalten oder verdrängen zu wollen.

Nehmen Sie sie als natürliche Teile Ihrer inneren Welt wahr, die zu Ihrer „Ganzheit" gehören.

6. Ein bleibender Wert

Auch wenn Sie ein Mandala fertig gemalt haben und dann zur Seite legen, wird es in aller Stille weiterwirken. Wollen Sie es aber in seiner Wirksamkeit verstärken, hängen Sie es an die Wand. Jeder Blick darauf wird Sie an das erinnern, was es noch zu lernen, zu entfalten, zu entdecken oder zu genießen gibt – und zwar dort, wo Ihr tatsächliches Übungsfeld liegt – im alltäglichen Leben.

7. Die richtigen Malutensilien

Legen Sie sich Ihre Malutensilien zurecht, bevor Sie mit dem Lesen beginnen. Das hat den Vorteil, die erlebten Gefühle, Gedanken und Bilder direkt umsetzen zu können. Wie lästig und störend dagegen, wenn Sie entspannt und voller lebendiger Bilder, erst einmal die Wohnung nach Papier und Stiften durchstöbern müssen.

Achten Sie darauf, daß Papiergröße und Malutensilien im rechten Verhältnis zueinander stehen. Wenn Sie mit Öl- oder

Pastellkreiden malen wollen, sollte Ihr Papier mindestens Zeichenblockgröße haben. Für Bunt- und feine Filzstifte genügt ein wesentlich kleineres Blatt. Wenn Sie bisher wenig Malerfahrungen gesammelt haben, sollten Sie sich auch überlegen, ob Sie lieber großflächig und schnell oder mit feinen Strichen malen wollen. Mit Öl- und Pastellkreiden lassen sich Stimmungen und gröbere Formen gut ausdrücken. Mit Stiften können Sie feingliedrigere Zeichnungen und Symbole zu Papier bringen. Experimentieren Sie einfach ein bißchen, und finden Sie heraus, was Ihrem inneren Erleben am meisten entspricht.

8. Von Bildern und Worten

Inneren Bildern, Gefühlen und Stimmungen malerisch Ausdruck zu verleihen, ist eine wundervolle Methode sich wortlos auszudrücken. Auf einer vorsprachlichen Ebene beschreiben Bilder, was in uns geschieht, uns berührt und beschäftigt. Erlebnisse und Gefühle in Worte umzusetzen, gründet dagegen auf den Fähigkeiten unseres Verstandes und der bewußten Verarbeitung des Erlebten. Mit ihrer Hilfe fassen wir unsere Erfahrungen und Erlebnisse gedanklich zusammen und können sie anderen Menschen mitteilen. Welche Magie Worten innewohnt, können Sie erleben, wenn Sie Ihre Gedanken, Erfahrungen und Gefühle in wenigen Worten zusammenfassen. Lassen Sie sich überraschen, zu welch erstaunlichen Aussagen sich Bilderserie und Worte schließlich vereint haben werden.

10

Drei – Zwei – Eins

Eine einfache Entspannungstechnik

Machen Sie diese einleitende Entspannung jedesmal, bevor Sie den Text zu den einzelnen Mandalas lesen. Wenn Sie noch tiefer in eine Maltrance eintauchen wollen, können Sie sie vor dem Malen noch einmal wiederholen.

Vielen Menschen fällt diese Übung leichter, wenn sie sie nicht durch Lesen unterbrechen. Sollten Sie zu diesen Menschen gehören, lesen Sie den Text einmal durch, so daß Ihnen die Abfolge vertraut ist.

Beginnen Sie jede Entspannungsübung, indem Sie sich bequem hinsetzen. Lassen Sie Ihre Augen ziellos umherschweifen, oder halten Sie einen Punkt oberhalb Ihrer Sehachse im Blick, während Sie gleichzeitig tief durch die Nase einatmen und dann laut hörbar durch den Mund wieder ausatmen. Wiederholen Sie diesen Vorgang dreimal.

Ein meditativer, trance-artiger Zustand der Sammlung ist die beste Voraussetzung dafür, Ihre inneren Bilder und Erlebniswelten klar und deutlich wahrzunehmen.

Eine einfache, sehr wirkungsvolle Methode in einen entspannten, nach innen gerichtete Zustand zu gleiten, ist die folgende Entspannungsübung 3>2>1 von Betty Erickson.

Und während Ihre Augen einen Punkt fixieren oder umherschweifen, nehmen Sie drei Dinge wahr, die Sie sehen können. Sie könnten zum Beispiel sagen:

Ich sehe ... die Buchstaben
Ich sehe ... die Zimmerwände
Ich sehe ...

11

Und nun nehme ich drei Geräusche wahr:

Ich höre ... meinen Atem

Ich höre ...

Ich höre ...

Und jetzt nehme ich drei Empfindungen wahr:

Ich spüre ..., wie mein Brustkorb sich hebt und senkt

Ich spüre ...

Ich spüre ...

Und wahrscheinlich merken Sie schon jetzt oder in einer kleinen Weile, wie Ihr Körper sich mehr und mehr entspannt, während die Dinge um Sie herum immer unwichtiger werden. Und jetzt nehmen Sie zwei Dinge wahr, die Sie sehen können, zwei Töne, die Sie hören können, zwei Empfindungen, die Sie spüren können. Und während Sie anschließend in Ihrer Umgebung oder vor Ihrem inneren Auge eine Sache betrachten, einem Ton lauschen und eine Empfindung spüren, können Sie bemerken, wie die äußere Welt immer bedeutungsloser geworden ist, während gleichzeitig Ihr inneres Erleben an Ausdruckskraft und Bedeutung gewonnen hat. Und aus diesem Zustand heraus, können Sie Ihre inneren Vorstellungen, Gefühle und Stimmungen auf eine Art und Weise betrachten und dann malen, wie es außerhalb dieses Zustandes nicht möglich ist. Und weil das so ist, können Sie sich nun auf eine überraschende Reise begeben, auf eine Reise in Ihr Selbst ...

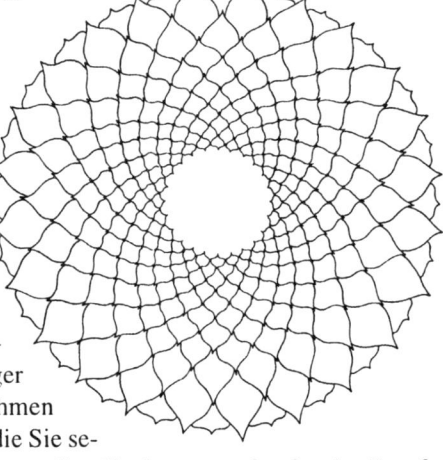

3 – 2 – 1 *Kurzform*

A. Bequem hinsetzen. 3x tief ein- und wieder ausatmen.

B. Augen ziellos schweifen lassen oder einen Punkt oberhalb Ihrer Sehachse fixieren.

C. 3 Dinge sehen, hören, spüren
2 Dinge sehen, hören, spüren
1 Sache sehen, hören, empfinden

D. Evtl. wiederholen, bis erwünschte Entspannungstiefe erreicht ist.

13

Die Mandalas

1. Mandala
Ich in der Welt

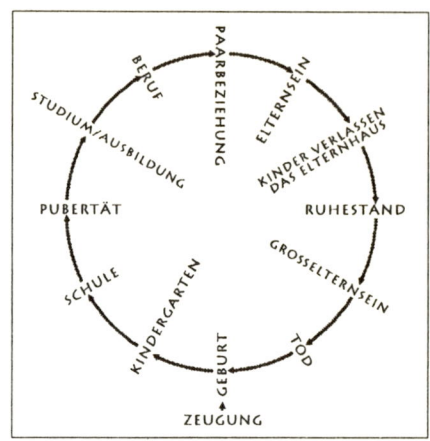

Wir alle sind in einen Lebenskreislauf eingebunden, der mit unserer Zeugung beginnt und mit dem Tod endet. Unabhängig von kulturellen Unterschieden, und wie auch immer unsere persönliche Geschichte aussehen mag, sind wir in mehr oder weniger klar umrissene Lebensphasen eingebunden. Auf jeder dieser Stufen stehen wir neuen Möglichkeiten und Herausforderungen gegenüber, die es zu nutzen und zu meistern gilt. Bevor Sie nun zu einer Reise in Ihre inneren Welten aufbrechen, schauen Sie sich den Zyklus des Lebens an. Werden Sie sich darüber bewußt, auf welcher Stufe des Lebensrades Sie gerade stehen. Von wo aus werden Sie Ihre Reise beginnen? Für einen jungen Menschen, der gerade sein Elternhaus hinter sich läßt, werden andere Dinge von Bedeutung sein, und er wird andere Erfahrungen machen, als jemand, der in der Mitte seines Lebens steht. Und wieder anders wird der Ausgangspunkt für jemanden sein, der sich dem Ende seines Lebens nähert. Nehmen Sie zunächst nur einfach wahr, in welchem Lebensabschnitt Sie sich gerade befinden, und womit Sie sich beschäftigen. Jeder dieser Abschnitte stellt besondere Anforderungen und bietet neue

Gelegenheiten sich selbst zu entfalten. Und mit jeder neuen Stufe erleben Sie sich selbst und die Welt rundum auf eine neue Art und Weise und auf immer vielschichtigeren Ebenen.

1. Mandala-Übung

1. Stellen Sie sich in Gedanken an den Punkt in Ihrem Lebenskreislauf, der Ihrer gegenwärtigen Situation entspricht.

2. Schließen Sie die Augen und stellen Sie sich Ihr Bewußtsein vor. Den Teil von sich, der die Dinge bewußt wahrnimmt, beurteilt und dann entscheidet, was zu tun

14

ist. Ihr Bewußtsein kann in Gestalt eines Symbols, einer Form, einer Schwingung, einer Farbe oder was auch immer vor Ihrem inneren Auge auftauchen. Lassen Sie einfach und spontan in Ihrem Inneren aufsteigen, was Ihrer Vorstellung von „mein Bewußtsein" entspricht, ohne absichtlich eingreifen zu wollen.

3. Sobald Sie ein Symbol für Ihr Bewußtsein gefunden haben, nehmen Sie sich genügend Zeit, es in allen Einzelheiten zu betrachten. Wie ist seine Form oder Gestalt? Gibt es eine vorherrschende Farbe, oder ist es eher bunt? Nehmen Sie wahr, ob dieses erkennende Bewußtsein mit Ihrer Persönlichkeit, dem Ich, identisch ist. Oder hat das, was Sie „Ich" nennen, eine andere Form oder Farbe als Ihr Bewußtsein? Gehen sie nahtlos ineinander über, oder sind sie klar voneinander abgegrenzt? Füllt Ihr Bewußtsein Ihre ganze Persönlichkeit aus, oder ist es ein winziger Punkt in Ihrem Kopf, Herz oder Bauch? Oder noch etwas anderes?

4. Und wie in einem Mandala entfaltet sich die Welt und das ganze Universum um diesen Kern Ihrer bewußten Wahrnehmung herum. Wie treten Ihr Bewußtsein und die Welt rundum miteinander in Verbindung? Gehen sie sanft ineinander über oder sind Ihr Ich und die Welt klar voneinander getrennt? Wieviel Raum nimmt

Ihr Bewußtsein im Verhältnis zur Ausdehnung der Welt ein? Nehmen Sie einfach wahr, ohne zu bewerten oder zu urteilen, was es zu sehen, zu hören oder zu fühlen gibt. Stimmungen ... Farben ... Gefühle ... Umrisse ... Formen und Symbole von sich selbst in dieser Welt.

5. Richten Sie Ihre Aufmerksamkeit nun auf die Welt um Sie herum. Welche Farben herrschen vor? Sind sie leuchtend, hell und klar, oder ist die Welt eher grau und von trüber Farbe? Gibt es Dinge in dieser Welt, die für Sie besonders wichtig sind, so daß sie deutlich hervortreten, oder ist eher alles verschwommen und wie in Nebel gehüllt? Besteht dieses innere Bild der Welt, seit Sie sich erinnern können, oder ist es nur eine Momentaufnahme Ihres Lebens, die morgen schon wieder ganz anders sein wird?

6. Und während allmählich ein immer klareres Bild von Ihnen selbst in der Welt entsteht, beginnen Sie zu begreifen, was Ihr gegenwärtiges Lebensgrundgefühl ist. Der Zustand aus dem heraus Sie sich selbst und die Welt erleben ...

7. Und aus diesem Zustand innerer Wahrnehmung heraus können Sie jetzt – oder in einer kleinen Weile – ein Mandala malen. Malen Sie in diesem Mandala Ihr bewußtes Ich in der Welt, so wie Sie es in-

nerlich erleben. Und weil es nicht wichtig ist, im herkömmlichen Sinne schön zu malen, können Sie jetzt, frei und ohne Wertung, genau das darstellen, was Ihrem inneren Bild entspricht. Wenn Sie wollen, können Sie während des Malens in sich hineinlauschen und einen Satz aus sieben Worten finden, der Ihr Gefühl, Ihre Stimmung, Ihre Erkenntnis ausdrückt und zusammenfaßt. Schreiben Sie diesen Satz als Titel für Ihr Mandala auf.

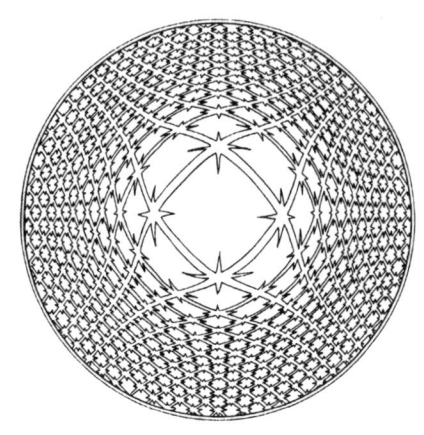

2. Mandala
Ich, Du und die Welt

Wir Menschen verdanken unsere körperliche Existenz, unser Überleben, viele Augenblicke des Glücks und die meisten wichtigen Erfahrungen anderer Menschen. So ist es nicht weiter verwunderlich, daß die Art und Weise unserer Beziehungen maßgeblich über unsere innere Befindlichkeit entscheidet. Ob wir uns glücklich oder verzweifelt fühlen, hängt zum großen Teil davon ab, wie wir uns innerhalb unserer zwischen-menschlichen Beziehungen erleben. Liebevolle, freundschaftliche und tolerante Beziehungen werden sicher eine andere Lebensstimmung hervorbringen, als von Angst und Unsicherheit geprägte.

16

Die Art und Weise, wie wir unsere Mitmenschen innerlich abbilden und erleben,
kann spannende Einblicke offenbaren, die
Ihnen so bisher nicht bewußt waren.

Vertrauen Sie Ihrem Unbewußten. Es
wird Ihnen genau die Botschaften übermit-
teln, die jetzt für Sie wichtig sind.

2. Mandala-Übung:

1. Erinnern Sie sich an die Form und Farbe, die Sie im ersten Mandala Ihrem Bewußtsein gegeben haben. Nehmen Sie wahr, ob es sich inzwischen verändert hat. Wenn ja, worin besteht der Unterschied? Sieht es anders aus, oder haben sich Ihre Gefühle dazu gewandelt? Lassen Sie das Bild einfach auf sich wirken, ohne es bewerten zu wollen.

2. Ziehen Sie in Gedanken nun einen Kreis um den Mittelpunkt, der Sie selbst sind. Diese Linie umfaßt die Welt um Sie herum.

3. Denken Sie jetzt an verschiedene Lebensbereiche, die in Ihrem Leben eine Rolle spielen und mit anderen Menschen zu tun haben. Ein Bereich könnte zum Beispiel die Familie sein, ein anderer Ihre beruflichen Ziele und noch ein weiterer Ihre Liebesbeziehungen, wieder ein anderer Freundschaft oder Hobby oder Ihre Sexualität. Wählen Sie fünf für Sie wichtige Bereiche aus.
Welche Form und Farbe hat z.B. der Bereich Familie in Ihrer Welt? Und wieviel Platz nimmt er innerhalb Ihres Krei-

ses ein? Nehmen Sie einfach wahr, wie die unterschiedlichen Lebensbereiche sich in Ihrem Kreis darstellen, und wie sie sich ausdrücken. Lassen Sie sich soviel Zeit, wie Sie brauchen, um die Farben und Formen zu betrachten. Gehen sie ineinander über, oder sind sie klar voneinander abgegrenzt? Welche Muster und Strukturen können Sie entdecken?

4. Tauchen Sie jetzt in den Mittelpunkt Ihres Bildes ein, und nehmen Sie die Formen, Muster, Farben und Strukturen so wahr, als ob sie sich rund um Sie herum entfalten würden.

5. Gehen Sie jetzt in einen der Lebensbereiche hinein. Schauen Sie sich um. Wie fühlen Sie sich? Ist dieser Ort angenehm, oder löst er eher Unbehagen in Ihnen aus? Und während Sie sich noch umschauen und in sich hineinspüren, entsteht vor Ihrem geistigen Auge ein Symbol, das stellvertretend für die Art Ihrer Beziehung zu den Menschen in diesem Bereich steht. Ein Symbol, das Ihre Empfindungen ausdrückt, wenn Sie an die Menschen in diesem Lebensbereich denken. Dieses Symbol kann ein Stein, ein leuchtendes Ei, vielleicht auch ein Tier, eine Landschaft oder ein Wort sein. Lassen Sie Ihrer Phantasie freien Lauf, während Sie jedem Lebensbereich ein bestimmtes Zeichen zuordnen. Ein Zeichen, das Ihre Gefühle,

Gedanken und Eindrücke zusammenfaßt und widerspiegelt. Vielleicht ist es auch so, daß die Menschen zu Ihnen sprechen? Wie würden Sie diese Worte, den Klang der Stimme malerisch umsetzen?

6. Und allmählich entsteht aus einzelnen Lebenbereichen ein Ganzes. Sie erkennen wie die einzelnen Teile zusammenpassen und miteinander in Verbindung stehen. Wie bei einem Puzzle, entsteht aus einzelnen Teilen ein Gesamtbild. Ein Bild Ihrer inneren Befindlichkeit in den einzelnen Bereichen. Und weil jedes Erkennen neue Möglichkeiten offenbart, können Sie jetzt gleich beginnen, die Dinge in Ihrem Sinne zu verändern oder so zu lassen, wie sie sind. Und während Sie malen, können Sie sich einen Satz aus sechs Worten überlegen, der Ihre Eindrücke zusammenfaßt. Schreiben Sie ihn neben Ihr Mandala.

3. Mandala
Die dunkle Seite in uns

Der Schattenanteil ist der Teil in uns, den wir nicht gerne angucken. Jeder von uns mag es, wenn er an sich Persönlichkeitsanteile von liebevollem, freundschaftlichem und ehrlichem Verhalten entdeckt. Tauchen dagegen Anzeichen von Neid, Mißgunst, Haß, Verrat und Habgier auf, werfen wir schnell die Tür zu und behaupten: „Das bin ich nicht!" Doch, das sind Sie auch! Und die Tür fest verschlossen zu halten, ist keine Lösung, sondern kostet nur viel Kraft und Energie. Kostbare Energie, die leicht für etwas Sinnvolleres und Angenehmereres eingesetzt werden könnte. Doch die Schattenanteile in uns verlieren viel von ihrer schrecklichen, entmutigenden Kraft, wenn wir sie bewußt ansehen und als Teile unserer selbst anerkennen.

Wenn Ihnen keine dunklen Seiten von sich einfallen, denken Sie einmal an all die Eigenschaften, Verhaltensweisen, Ansichten und Gefühle, die Sie an anderen nicht ausstehen können. Innerhalb kürzester Zeit werden Sie über eine facettenreiche Liste Ihrer Schattenanteile verfügen.

19

3. Mandala-Übung:

1. Stellen Sie sich vor, Sie sind der Mittelpunkt eines Kreises. Dieser Kreis ist genau so groß und weit, wie Ihre Ausstrahlung, Ihre Aura, reicht. Wie weit dehnt er sich aus? Endet er wenige Zentimeter jenseits Ihrer Haut, oder reicht er viele Meter weit? Dehnt er sich nach allen Richtungen gleichmäßig aus, oder hat er Wellen oder Zacken? Ist dieser Kreis farbig, leer oder voller Energie? Nehmen Sie sich genügend Zeit, Ihr persönliches Kraftfeld zu erleben. Nehmen Sie mit all Ihren Sinnen wahr, was es darin zu sehen, zu fühlen und vielleicht auch zu hören gibt.

2. Jetzt entdecken Sie vor Ihren Füßen eine Tür, die in die Erde hineinführt. Auf dieser Tür steht das Wort „Schattenreich". Hinter dieser Tür sind alle möglichen Dinge verborgen. Das können Verhaltensweisen, Gefühle, Erinnerungen und Überzeugungen sein, die Ihnen vielleicht dämonisch, tierisch, ungehobelt, aggressiv oder hassenswert erscheinen.

3. Öffnen Sie jetzt die Tür. Nehmen Sie Ihre ersten Eindrücke wahr, die Energie, die Ihnen von dort unten entgegenströmt.

4. Gehen Sie jetzt, Stufe um Stufe, in die Tiefe. Und auf jeder Stufe fällt Ihnen etwas ein, das sie an sich nicht mögen und in diesen Untergrund verbannt haben. Schauen Sie sich all die Dinge und Wesen an, die ihnen begegnen. Nehmen Sie auch den Schmerz an, den manches in Ihnen auslösen mag. Geben Sie allen Erscheinungen, Gedanken und Gefühlen Raum. Betrachten Sie sie im Vorübergehen, ohne sie deuten oder verurteilen zu wollen.

5. Und am Ende der Treppe angekommen, stehen Sie einem Teil von sich gegenüber, der all diese Dinge verkörpert. Versuchen Sie nicht, absichtlich ein Bild zu entwerfen, sondern lassen Sie einfach zu, daß dieser Teil sich immer klarer ausformt. Dieser Teil kann menschlich sein oder ein Tier. Vielleicht ist es auch ein Gegenstand, ein Monster, Sie selbst in einer Verkleidung, oder was auch immer Ihnen einfällt.

6. Lassen Sie das Wesen, Tier, den Gegenstand oder was auch immer, sich ausdrücken und zu Ihnen sprechen. Hören Sie einfach zu, was der Teil Ihnen zu sagen hat. Vielleicht möchte er über seine Bedürfnisse und Absichten reden. Oder darüber, wie es ihm hier unten geht, und wie

er sich fühlt. Und wenn Sie wollen, können Sie der Gestalt Fragen stellen und allmählich mehr darüber erfahren, was dieser wichtige Teil von Ihnen denkt, wie er fühlt und handelt.

7. Werden Sie sich nun bewußt, daß all das, was dieser Teil darstellt, aus Energie besteht. Wertvoller Energie, die Sie besser nutzen könnten, als sie hier unten zu verstecken.

Fragen Sie den Teil, ob er mit Ihnen zusammenarbeiten will, und wie er Ihnen in der Welt nützlich und hilfreich sein wird.

8. Laden Sie diesen Teil ein, mit Ihnen an die Erdoberfläche zu kommen. Nehmen Sie wieder den Kreis um sich herum wahr. Wie sieht Ihr Kraftfeld jetzt aus? Hat es sich durch die zusätzliche Energie dieses Teiles verändert? Und wenn es sich verändert hat, worin genau besteht die Veränderung?

Ist der Kreis größer geworden, hat sich die Farbe verändert, oder fühlen Sie sich jetzt anders, vielleicht kraftvoller und „ganzer"? Und während Sie jetzt gleich dieses Mandala malen, kann ein Satz aus fünf Worten in Ihnen aufsteigen und Ihre Eindrücke zusammenfassen. Und auch diesen Satz notieren Sie.

4. Mandala
Stell dir vor, du bist, was du werden willst

Jeder von uns trägt ein Idealbild von sich selbst im Herzen. Eine Idee davon, wer er sein könnte, wenn alle Umstände sich glücklich zusammenfügen würden. So, wie in einem Eichensamen alle Anlagen für eine ausgewachsene Eiche enthalten sind, liegt in uns der Keim eines vollendeten Wesens, das sich entfalten will. Es ist die Erfüllung tief in uns angelegter Möglichkeiten, die wir nur zu hegen und pflegen brauchen, damit sie sich in voller Schönheit zeigen können. Einem Ideal muß nichts Außergewöhnliches oder Erhabenes innewohnen. Es kann einfach nur ein Gefühl von Stimmigkeit sein, wenn wir, Schritt für Schritt, unsere Anlagen entwickeln. Für viele Menschen ist Ihr Ideal bloß eine verschwommene, blasse Vorstellung, die über keine besondere Zugkraft verfügt. Doch je klarer das innere Bild unserer möglichen Entwicklung sich ausformt, desto zielstrebiger und schneller können wir unsere vorhandenen Möglichkeiten verwirklichen.

4. Mandala-Übung

1. Stellen Sie sich wieder einen Kreis vor. In diesem Kreis sind all die guten Eigenschaften, Fähigkeiten und Talente von Ihnen vereint, die Sie an sich selbst schätzen und mögen. Sie müssen nicht vollkommen ausgeprägt sein und sich aktiv äußern. Jeder Ansatz, so klein und verborgen er auch sein mag, birgt den Keim zukünftiger Möglichkeiten in sich. Es ist nicht einmal wichtig, daß Sie alle Ihre besonderen Eigenschaften und Talente jetzt bewußt wahrnehmen. Betrachten Sie einfach, was in Ihrem Kreis auftaucht.

2. Wie groß ist dieser Kreis? Haben die einzelnen Eigenschaften und Fähigkeiten Farben und Formen? Bilden sie Muster und Strukturen, oder wirbeln sie wild durcheinander? Gibt es Fähigkeiten und Talente, die Ihnen von besonderer Bedeutung zu sein scheinen und deutlich hervortreten? Ist Ihr Kreis mit vielen Dingen angefüllt, oder birgt er noch viel Raum für neue Entdeckungen und Entfaltungen? Lassen Sie das Bild mit seinem Inhalt einige Zeit auf sich wirken.

3. Stellen Sie sich jetzt vor, Sie würden sich selbst im Zentrum des Kreises stehen sehen. All Ihre guten Eigenschaften Fähigkeiten und Talente sind in diesem Abbild Ihrer selbst vollkommen entwickelt. Auch die, die Sie bisher nur ahnen oder von denen Sie wünschen, daß Sie sie haben.

4. Schauen Sie sich Ihre Körperhaltung, Ihren Gesichtsausdruck und Ihre Ausstrahlung in allen Einzelheiten an. Nehmen Sie sich genügend Zeit, dieses Ideal von sich selbst anzuerkennen und zu genießen, ohne sich von kritischen oder störenden Gedanken irritieren zu lassen. Manchmal ist das Bild anfangs noch unklar, oder die Gestalt verändert sich fortwährend. Beobachten Sie einfach, was geschieht, und erlauben Sie Ihrem idealen Selbst, sich immer stärker auszudrücken.

5. Stellen Sie sich jetzt vor, in das Bild, in den Körper Ihres Ideals einzutreten und mit ihm zu verschmelzen. Spüren Sie, wie jede einzelne Ihrer Zellen von

23

dieser Energie durchdrungen wird, Ihren ganzen Körper ausfüllt, bis jeder Gedanke, jedes Gefühl und all Ihre Handlungen von diesem Zustand durchdrungen sind. Wie fühlen Sie sich jetzt? Wie klingt Ihre Stimme? Und wie erleben Sie die Welt, wenn Sie sie aus diesem Zustand heraus betrachten?

6. Verleihen Sie Ihrem inneren Bild, Ihren Gefühlen und Gedanken in einem Mandala Ausdruck. Lassen Sie während des Malens einen Satz aufsteigen, der Ihre Erfahrungen und Eindrücke in vier Worten zusammenfaßt. Notieren Sie ihn.

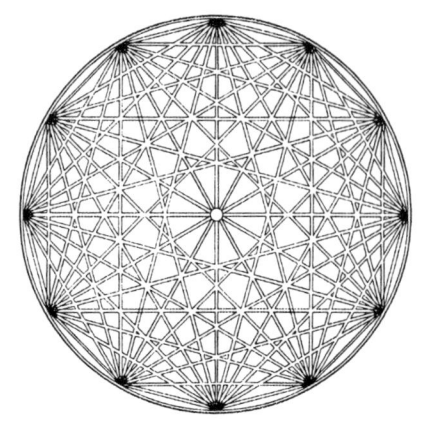

5. Mandala
Gegensätze überwinden

Wir sind gewohnt, in Gegensätzen zu denken. Jeder von uns weiß, was ein heller Tag ist, weil wir sein Gegenteil, die dunkle Nacht, kennen. Wir wissen, wie wir nicht sein wollen, weil wir eine Vorstellung davon haben, wer wir auch noch sein könnten. Auf der Bühne unseres Lebens spielen die unterschiedlichsten Gegensätze eine Rolle und gestalten es bunt und abwechslungsreich. Mann und Frau, Intuition und Verstand, Angst und Mut, Stillstand und Erneuerung. Je vielfältiger unsere gegensätzlichen Erfahrungen und Handlungen sind, desto reicher unser Schatz an Leben. Doch hin und wieder ist es sinnvoll, die Einheit jenseits aller Gegensätze zu erleben. Einen Standpunkt

24

einzunehmen, der das eine mit dem anderen versöhnt und vereint. Ein Zustand, in dem bisherige Gegensätze als Einheit erlebt werden. Denn jenseits der Gespaltenheit im Gegensatz entsteht eine Weltsicht, in der viele Möglichkeiten gleichwertig nebeneinander bestehen. Sie werden überrascht feststellen, wie angenehm der Zustand jenseits der Gegensätze ist.

5. Mandala-Übung

1. Erinnern Sie sich an die Mandalas Ihrer Schattenseite und Ihres idealen Selbst. Stellen Sie die zwei Mandalas in Gedanken nebeneinander und betrachten Sie sie in aller Ruhe.

2. Noch während Sie diese beiden Pole von sich selbst betrachten, erkennen Sie, daß die beiden Teile miteinander in Verbindung stehen. Vielleicht entspinnt sich ein Dialog oder ein Streit zwischen den beiden, oder Sie nehmen die Interaktion als ein Hin und Her aus Farben, Formen und Mustern wahr. Beobachten Sie einfach den wechselseitigen Austausch der beiden Teile, ohne eingreifen zu wollen und ohne Partei zu ergreifen. Nehmen

Sie beide Teile als gleich *wichtig* und gleich-*wertig* wahr, während Sie ihrer Interaktion zusehen oder zuhören. Sie müssen nicht sofort eine Antwort wissen, aber denken Sie sorgfältig darüber nach, was jeder Teil für Sie erreichen möchte. Wofür ist es gut, ihn zu haben? Und was verhindert jeder Teil in Ihrem Leben?

3. Stellen Sie sich nun einen dritten Kreis vor, in dem die beiden Teile vereint sind. Einen Kreis, in dem alle scheinbaren Gegensätze eine neue *Ein*heit ergeben. Wie sieht dieses Bild aus? Vermischen sich die Polaritäten oder bleiben ihre besonderen Eigenheiten innerhalb des Kreises bestehen, während sie gleichzeitig ein gemeinsames Ganzes bilden? Oder entwickelt sich ein vollständig neuer Teil aus der Verbindung dieser beiden? Möglicherweise nimmt der Teil abwechselnd alle möglichen Formen an, bis sich immer klarer eine neue Gestalt abzuzeichnen beginnt. Schauen Sie einfach zu, welche Formen, Farben und Prozesse ablaufen, während sich die beiden Teile zusammenschließen und schließlich vereint in einer Gestalt, einer Form oder was auch immer Ausdruck finden.

4. Schlüpfen Sie jetzt in diese Form oder Gestalt hinein, und spüren Sie mit jeder Faser Ihres Körpers, wie Sie sich fühlen, nachdem die beiden Teile Ihrer

Dualität überwunden sind und in sich zu einer gemeinsamen Kraft vereint haben. Erleben und geniessen Sie in aller Ruhe, was sich in Ihrem Inneren verändert hat. Vielleicht entdecken Sie neue Eigenschaften an sich, oder Sie entwickeln neue Lebensanschauungen, überraschende Gefühle und Gedanken. Nehmen Sie die Energie wahr, die nun von Ihnen ausgeht, und welche Wirkung sie auf Ihre Mitmenschen ausüben. Wie drückt sich die Einheit der Teile in Ihrer Körpersprache aus, und wie klingt Ihre Stimme, wenn Sie aus diesem Zustand heraus sprechen? Lassen Sie sich genügend Zeit, all die Gefühle, Gedanken und Bilder zu erleben, die Ihnen in den Sinn kommen. Tauchen Sie vollständig in die Atmosphäre ein, die von diesem Gefühl der Einheit in der Verschiedenheit ausgeht. Erleben Sie, wie Ihre Gedanken, Gefühle, Absichten und Ihr Verhalten davon durchdrungen werden, und welche Auswirkungen auf Ihre Umwelt sich daraus ergeben.

5. Denken Sie jetzt an eine bestimmte Situation in Ihrem Leben, in der Sie aus dieser Ganzheit heraus handeln wollen, es bisher aber noch nicht konnten. Stellen Sie sich diese Situation lebhaft und in allen Einzelheiten vor, während Sie gleichzeitig aus diesem Gefühl von Einheit heraus reden und handeln. Wiederholen Sie diese Übung mit anderen Situationen.

6. Geben Sie Ihren Erfahrungen und Erlebnissen in einem Mandala Ausdruck, und lassen Sie während des Malens einen Satz aus drei Worten in sich aufsteigen. Schreiben Sie ihn als Zusammenfassung Ihrer Erfahrungen auf.

6. Mandala
Das Selbst

Gibt es in Ihrem Leben einen Bezugs-punkt, einen beständigen Teil, der über Ihren wechselhaften Gefühlen, Gedanken und Empfindungen steht? Einen Teil oder Ort, an dem weise Entscheidungen mög-lich werden, weil er frei von eingrenzen-den Einschätzungen, Gefühlen und Erfah-rungen der Persönlichkeit ist?

In jedem von uns gibt es einen Beob-achter, ein Selbst, das unsere ständig wechselnden Gefühle, Gedanken und Wünsche wahrnimmt, ohne sich mit ihnen zu identifizieren. In jeder Situation unse-res Lebens steht es uns frei, diese objekti-ve Beobachterposition einzunehmen, an-statt von unseren Gefühlen vereinnahmt zu werden. Wenn Sie beispielsweise vol-ler Wut sind und diese Wut beobachten, werden Sie merken, daß Sie nicht die Wut sind, sondern mit Wut auf ein äußeres Er-eignis reagieren. Ihre Wut ist nur ein vorü-bergehendes Gefühl, das bald von einem anderen abgelöst werden wird. Wie von einer höheren Warte aus überblickt unser Selbst die vielfältigen Inhalte unserer Per-sönlichkeit und vereint sie zu einem größeren Ganzen.

6. Mandala–Übung

1. Beginnen Sie dieses Mandala, indem Sie Ihren Körper wahrnehmen. Beobachten Sie einfach alle Ihre Körperempfindungen, ohne sie verändern oder beeinflussen zu wollen.

So können Sie z.B. wahrnehmen, wie Ihr Brustkorb sich bei jedem Atemzug hebt und dann wieder senkt; wie Ihre Arme und Beine angewinkelt sind, und wo sie aufliegen. Oder Sie spüren, welche Muskeln angespannt und welche locker und gelöst sind.

Nehmen Sie Ihre Körperempfindungen einfach nur wahr. Nachdem Sie Ihren Körper eine Weile erforscht haben, gehen Sie zu Punkt 2 weiter.

2. Erinnern Sie sich an die bisher gemalten Mandalas und betrachten Sie die Bilder eingehend. Lassen Sie während des Betrachtens alle Gefühle frei fließen, die zu den einzelnen Mandalabildern in Ihnen aufsteigen. Das können Gefühle von Ungeduld, Angst, Wut, Liebe, Harmonie und Freude sein oder noch ganz andere.

Schauen Sie sich die Bilder und die dabei aufsteigende Gefühle einfach an.

Bewerten und beurteilen Sie weder die Bilder noch das, was Sie fühlen, sondern betrachten Sie sie so, als wären Sie ein völlig neutraler Beobachter. Jemand, der nichts mit den Bildern und genauso wenig mit den Gefühlen zu tun hat.

Nehmen Sie innerlich die Haltung eines Wissenschaftlers oder eines Ausserirdischen ein, der irgendeinen Vorgang, eine Landschaft, einen anderen Menschen beobachtet – objektiv und völlig gelassen.

3. Lenken Sie Ihre Aufmerksamkeit nun auf die Gedanken, die Ihnen durch den Kopf gehen, während Sie diese Übung machen.

Bleiben Sie weiterhin in einer neutralen Beobachterhaltung, und lassen Sie Ihre Gedanken einfach an sich vorüberziehen. Gedanken zu den einzelnen Mandalas, Überlegungen und innere Dialoge über Ihre Gefühle, Erfahrungen und Erkenntnisse. Gedanken, die sich auf Ihre Wünsche und Sehnsüchte beziehen. Nehmen Sie alle Gedanken, die kommen und gehen, wahr, ohne sich damit zu identifizieren.

4. Nachdem Sie jetzt eine Weile Ihre gegenwärtigen Empfindungen, Gefühle, Gedanken, Wünsche und Sehnsüchte beobachtet haben, stellt sich die Frage:

Wer ist dieser Beobachter? Jener Teil von Ihnen, der Ihre wechselhaften Befindlichkeiten und Gedanken wahrnimmt und betrachtet, ohne sich selbst zu verändern?

Stellen Sie sich vor, er wäre das Zentrum, die Essenz all Ihrer Wahrnehmungen, Gedanken und Gefühle – Ihr Selbst. Und dieses Selbst beobachtet all Ihre Emotionen, ohne sich mit ihnen zu identifizieren.

Das Selbst vereint, führt, lenkt und koordiniert all Ihre vielfältigen und wechselhaften Gefühle, Gedanken und Stimmungen. Es ist nicht mit Ihren höheren Idealen identisch, genausowenig wie es sich mit Gefühlen wie Wut, Neid und Habsucht deckt.

Es ist weder mit Ihrem Lebensgrundgefühl zu verwechseln, noch mit Ihrem Gewissen.

Das Selbst bleibt stets Beobachter, größere und weitere Dimensionen überblickend als die vielen Teile in uns.

5. Wie stellen Sie sich dieses Selbst vor? Ist es innerhalb Ihres Körpers oder irgendwo außerhalb von ihm? Trägt es menschliche Züge, oder setzt es sich eher aus Schwingungen, Farben und Formen zusammen? Ist es pure Energie, Licht oder reines Bewußtsein?

Lassen Sie intuitiv entstehen, was entstehen will. Vertrauen Sie Ihrem höheren Selbst. Es wird in Ihnen genau das Bild entstehen lassen, das Ihnen zukünftig hilft, jederzeit in diesen Bewußtseinszustand eintreten zu können.

Einen reinen unverfälschten Seinszustand, jenseits von veränderlichen äußeren Umständen und wechselhaften Gefühlen, Gedanken und Empfindungen.

6. Bringen Sie die innere Vorstellung Ihres Selbst auf dem Papier zum Ausdruck. Lassen Sie zwei Worte in sich aufsteigen, die Ihr Erleben ausdrücken, und notieren Sie sie auf dem Blatt.

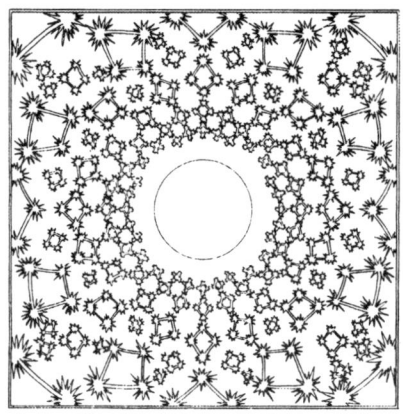

7. Mandala
Das große Bild

Jedes Jahr überraschen uns die Astronomen mit neuen, unglaublichen Daten über die Ausmaße unseres Universums. Gleichzeitig tauchen wir immer tiefer in immer kleinere Elementarteilchen ein, aus denen sich unser Körper und jegliche Materie zusammensetzen. Inmitten dieses unbegreiflichen kosmischen Spiels, entfaltet sich für einen winzigen Moment unser einzigartiges Leben im unendlichen Strom der Zeit.

7. Mandala-Übung

1. Nehmen Sie den Mittelpunkt Ihres Körpers wahr. Stellen Sie sich vor, Ihre Lebensenergie würde sich von dort aus kreisförmig in alle Richtungen ausdehnen und Sie wie eine unsichtbare Aura umgeben. Nehmen Sie sich einen Moment Zeit, in diese Vorstellung einzutauchen.

2. Lassen Sie den Kreis Ihrer Aufmerksamkeit nun größer werden, bis er das Zimmer ausfüllt. Erleben Sie, wie es sich anfühlt, wenn er sich immer weiter ausdehnt. Wenn er über das Haus hinauswächst, die nähere Umgebung und dann das ganze Land umfaßt. Schließlich dehnt sich der Kreis über Kontinente, Meere und die ganze Erde aus und schließt all das ein, was Ihnen wichtig ist und für Sie Bedeutung hat.

3. Stellen Sie sich jetzt vor, Sie würden den Planeten Erde von außen betrachten. So, als ob Sie ein Beobachter aus den Tiefen des Weltraums wären. Was denken Sie, während Sie diesen runden, blauen Planeten betrachten?

4. Werden Sie sich nun des Sonnensystems bewußt, in dem die Erde mit anderen Planeten um eine gemeinsameSonne kreist. Und weil Ihre Gedanken schneller als das Licht sind, können Sie nun, in Ihrem eigenen Tempo, Kurs auf andere Planeten nehmen. Sie treiben am Mars mit seinem Ring vorbei, an unzähligen Sternenhaufen, Sonnen und Monden vorbei, immer weiter in unser bekanntes Son-

nensystem hinein. Und allmählich erreichen Sie den äußersten Rand unseres
Sonnensystems.

5. Und einen Augenblick später sind
Sie außerhalb davon und erkennen es als
ein kleines unbedeutendes Grüppchen
von Planeten am Rande einer aus Milliarden von Sonnensystemen bestehenden
Galaxie, die sich spiralförmig aus einer
unsichtbaren Quelle zu entfalten scheint.

6. Und während Sie noch weiter hin-
aus schweben, sehen Sie Milliarden von
anderen Galaxien, die sich wiederum aus
unzähligen Sonnensystemen zusammensetzen, die wiederum aus Milliarden von
Sternen, Sonnen und Planeten bestehen.
In den unvorstellbaren Weiten des Welt-
alls kreisen sie langsam umeinander. Und
obwohl jede einzelne der Galaxien sich
um ihren eigenen Mittelpunkt dreht, entfaltet sich das ganze Universum mit all
seinen Galaxien aus einem gemeinsamen
Zentrum heraus. Ein unermeßliches Universum aus Raum und Zeit.

7. Und haben Sie sich jemals Gedanken darüber gemacht, was jenseits dieses überwältigenden Universums liegt?
Jenseits von Raum und Zeit? Jenseits
des Vorstellbaren, in einer anderen Di-
mension? Für einige wird es vielleicht
ein Ort der Stille sein, in dem sie das
Wesentliche deutlich vernehmen kön-

nen. Andere erleben es als ein Gefühl
von losgelöster Freiheit. Wieder andere
erkennen eine immer wiederkehrende
Struktur, die allem zugrunde liegt. Und
noch andere genießen einfach den Zustand, das ganze Universum wie einen
riesigen Ballon aus Raum und Zeit vor
sich schweben zu sehen und jenseits davon zu sein.

8. Nach einer Weile tauchen Sie wieder in dieses Universum aus Raum und
Zeit ein. Durch den unermeßlichen
Raum zwischen Myriaden von Galaxien
hindurch nähern Sie sich Ihrer Heimat-
galaxie mit ihren unzähligen Milch-
straßen, Spiralnebeln und Sonnen. Und
schließlich tauchen Sie wieder in unserer Milchstraße ein, zurück in das ver-
traute Gebiet unseres Planetensystems.
Und schließlich entdecken Sie einen
kleinen, blauen Planeten, der Sie unwi-
derstehlich anzieht. Und noch während
Sie in seine Atmosphäre eintauchen und
sich Ihres Körpers wieder bewußt werden, wissen Sie: Ohne mich würde dem
Universum etwas fehlen.

9. Und gleichzeitig entsteht in Ihnen
ein Bild, ein Symbol, ein Mandala oder
was auch immer, das Ihre Gedanken und
Gefühle zum Ausdruck bringt. Beschreiben Sie Ihren Eindruck mit einem
Wort, und notieren Sie es.

Nachwort

Hängen Sie die Serie Ihrer Mandalas in der Reihenfolge Ihrer Entstehung auf. Betrachten Sie die Bilder in aller Ruhe, während Sie die einzelnen Titel dazu lesen. Nehmen Sie einfach die Botschaft der Bilder wahr, ohne zu urteilen oder zu kritisieren. Diese Bilderserie ist ein kleiner Ausschnitt Ihres Lebens. Niemand kann wissen, was sich bereits jetzt verändert hat, während Sie die einzelnen Mandalas betrachten und Ihre Kommentare dazu lesen. Wenn Sie wollen, können Sie die einzelnen Übungen immer wieder einmal wiederholen. Nach einiger Zeit werden Sie einen spannenden Einblick in den ständigen Prozess Ihrer Entwicklung erhalten.

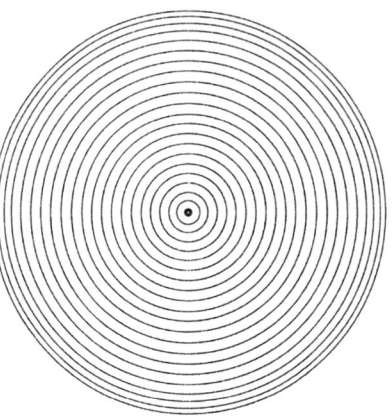

Literaturhinweis

Im Schirner Verlag sind folgende Bücher
von Klaus Holitzka erschienen:

Wie male ich mein Mandala

Und die Malblocks:

**Kinder-Mandala-Welten 1 & 2
Keltische Mandalas
Mandalas der Kraft**

Mandalas im Internet, unter:
www.mandalas.net